THE LAW OF CONSERVATION

The Law of Conservation

Mariana Spada

Translated from Spanish by Robin Myers

DALLAS, TEXAS

Phoneme Media, an imprint of Deep Vellum
3000 Commerce St., Dallas, Texas 75226
deepvellum.org · @deepvellum

Deep Vellum is a 501c3 nonprofit literary arts organization
founded in 2013 with the mission to bring
the world into conversation through literature.

Support for this publication has been provided in part by the National Endowment for the Arts, the Texas Commission on the Arts, the City of Dallas Office of Arts & Culture, and the George and Fay Young Foundation.

ISBNs: 978-1-64605-222-6 (paperback) | 978-1-64605-248-6 (ebook)

LIBRARY OF CONGRESS CATALOGING-IN-PUBLICATION DATA
Names: Spada, Mariana, 1979- author. | Myers, Robin, 1987- translator. |
Spada, Mariana, 1979- Ley de conservación. | Spada, Mariana, 1979- Ley
de conservación. English.
Title: The law of conservation / Mariana Spada ; translated from Spanish by
Robin Myers.
Description: Dallas, Texas : Phoneme Media ; Deep Vellum, [2023]
Identifiers: LCCN 2023020550 | ISBN 9781646052226 (trade paperback) | ISBN
9781646052486 (ebook)
Subjects: LCSH: Spada, Mariana, 1979---Translations into English. | LCGFT:
Poetry.
Classification: LCC PQ7798.429.P33 L4913 2023 | DDC
861/.7--dc23/eng/20230502
LC record available at https://lccn.loc.gov/2023020550

Cover design by Sarah Schulte
Interior Layout and Typesetting by KGT
Printed in the United States of America

*Once you lose someone it is never exactly
the same person who comes back.*

Sharon Olds

Contents

Ley de conservación
The Law of Conservation

LA PRIMERA DESCARGA

Yo fui el muchacho que una vez
salió a la caza de pájaros silvestres
una siesta de febrero en un balneario
sembrado de parrillas
                    derrumbadas.

Primero, el padre de mi amigo
puso la carabina brillante y
recién lustrada entre mis manos
temblorosas como flores de
                    naranjo
y explicó con paciencia
el accionar del percutor
mientras tomaba cerveza
mezclada con granadina
de un jarro de loza blanca.

Me advirtió del chicotazo
que haría del brazo un resorte
y del resorte un disparo
y del disparo, un desbande
de benteveos gritones
y me sostuvo firme el hombro

THE FIRST SHOT

I was the boy who went
to hunt wild birds
one February as the others napped
beside a stream bank sown with ruined

grills.

To start, my friend's dad set
the shining, freshly polished rifle in
my hands, which shook like orange

blossoms

and patiently explained
the mechanism of the firing pin
as he drank beer
and grenadine
from a white ceramic jug.

He warned me of the crack
that would make the arm a spring
the spring a shot
the shot a burst
of shrieking kiskadees
and gripped me by the shoulder
at the proper height, surrounding me

a la altura adecuada, rodeándome
por detrás hasta que entré en
confianza, y la culata se sintió
por fin a gusto entre mis

                              huesos
dejándome lista para sacudir la costa
y el sueño estático de los
gorriones.

from behind until I got
the hang of it, the gunstock
comfortable at last among my

                    bones:

a girl prepared to shake the coast
and the ecstatic sleep
of sparrows.

ESTIVAL, IDA Y VUELTA

Nada hay como remar de noche
por un río negro y conocido
tan negro que la luna reverbera
sobre el perfil tornasolado de los peces
cruzando el caudal antiguo
mil cuchillos arrojados desde el fondo
por una mano ciega.

En este río domado por represas
las ramas se vuelcan mansas lejos de
la orilla, y besan el agua donde
abrevan las luciérnagas que una vez
pareció que nos seguían. Este río
lo cruzamos juntos una noche, desde
una costa de arena hasta la otra de
espinas.

SUMMER, THERE AND BACK

There's nothing quite like rowing in the dark
along a black, familiar river
so black the moon reverberates
against the gleaming profile of the fish
crossing the ancient course,
a thousand knives flung from the depths
by some blind hand.

Inside this dam-tamed river
boughs jostle gentle far from
shore, kissing the water where
the fireflies, which once had seemed
to follow us, have come to drink. We crossed
this river once, together, from
a bank of sand onto another one of
thorns.

NO DA LO MISMO

si la ciudad donde creciste
tiene o no calles que puedan caminarse
y deshacerse hasta el borde impreciso
en que desaparecen el ripio y las veredas
y arrancan los primeros postes de alambrado
en lo que duran las horas de una siesta.

Siestas desiertas de feriados de invierno
donde bulle una memoria distinta
y ancestral de los límites terrenales
que únicamente los perros sabrían ignorar
vagando entre carrocerías huecas
suspendidas sobre pilas
de ladrillo al ras del suelo
la batería seca
oxidándose en las entrañas
y el fantasma de la chispa
en el cuenco de los faros.

IT DOES MATTER

whether the city of your childhood
has or has no streets that can be walked
out to the blurry edge and back again
where streets and sidewalks yield to gravel
and wire fencing starts to burgeon from the ground
for the length of a nap.

Deserted winter-break siestas
swarmed by an ancient
distant memory of the earthly limits
that only dogs would know how to ignore
roaming through gutted car shells
propped on piles
of ground-level brick
the battery dried out and
rusted in the guts
the ghost-spark in
the hollows of the headlights.

LA FOTO SE TOMÓ EN UNA ESQUINA

Al fondo, más allá de la plaza de barrio polvorienta
el cielo es una pomada de acero
cortejando la siesta del verano
que algunos eligen dormir
y otros perder en alguna playa.

La tormenta inminente,
el bronceado parejo de las pieles
de los cinco o seis muchachitos:
eso es todo lo que hay
dentro del cuadro de borde amarillento
en el que soy la única que no mira a cámara
sino a mi hermano, parado a medio metro
detrás de la fila de cuerpos flacos y ambiguos
como ranas, de los amigos.
Mi hermano abre los brazos
y apoya las palmas en los hombros
de los demás, sonriendo como irlandés: el cabello
enrulado entre rubio y colorado, el cuello grueso
del adolescente nuevo que ahora es, torpe y
desparejo, fuerte y desproporcionado
una especie de alminar inconcluso.

THE PHOTO WAS TAKEN ON A CORNER

In the background, beyond the dusty town square
the sky's a steel balm
courting the summer nap
that some decide to take
and others waste on some beach or other.

The impending storm,
the even bronzing of the skins
of five or six young boys:
that's all there is
inside the yellowed frame
where I'm the girl who looks not at the camera
but at my brother, a foot or two
behind the row of skinny forms, ambiguous
as frogs, belonging to his friends.
My brother spreads his arms
and sets his palms onto the others'
shoulders, grinning like an Irishman: his red-
blond curls, the stocky neck
of the new adolescent he's become, askew
and clumsy, disproportionate and strong,
a kind of half-built minaret.

En unos meses va a dejar de juntarse con nosotros
y a preferir conducir y darse con mujeres
a cambiar las siestas por las noches. Lo observaremos
con envidia o esperanza, según nuestro propio
grado de ansiedad por entrar en la edad caliente
de los días que se enciman sin dejar constancia:
un hábito aprendido y rápidamente olvidado.

Some months from now, he'll stop playing with us
and start to drive and pick up women,
swapping siestas for the night. We'll watch
with hope or envy, depending on how badly we
may long to join the heated age
of days that gather without leaving any evidence:
a habit learned and soon forgotten.

OTRO SOL

De ese tiempo, los fragmentos
perdidos de un día sin almuerzo
a no ser por las últimas —y
más dulces— mandarinas del
invierno, que pelamos y
comimos sentadas en el umbral de
la puerta de calle
somnolientas.

Dos hermanas sin real conciencia de serlo
semilla y cáscara de fruta sobre el plato
y el sol como única joya enarbolando
el cielo perfecto del mediodía. Todo
calor y caricia que vuelve a encender
otro sol en el pecho amarillo de un
benteveo.

ANOTHER SUN

From those days, the lost
bits of a lunchless day
except the last—and
sweetest—winter
tangerines, which we peeled and
ate from our perch on the front
steps,
sleepy.

Two sisters, not yet entirely aware that this
is what they are, the dish of seeds and rind
and the sun like a single jewel exalting
the perfect midday sky. All
heat and touch that set another
sun alight in a kiskadee's
yellow breast.

AL PASO

Así varía la luz de mayo
cuando atraviesa el enjambre
de las copas de los fresnos.

Al pasar frente a una casa
que fue tuya
se percibe que las cosas
no cambian o cambian solo
lo justo y necesario.

PASSING BY

That's how the May light changed
when it cut through the swarm
of ash leaves.

Passing a house
that was once yours
it's clear that things
don't change, or just
as much as they have to.

RETORNO

El último día de las vacaciones
bajaste a la playa a decirle adiós
a la parte del guardarropas
que abandonarías más tarde
debajo de la cama del bungalow
donde transcurrió el verano.

Unos shorts, tres remeras y el buzo percudido
serán lo primero que dejes atrás
en este viaje
ni bien el ómnibus nocturno ponga en marcha
la ampliación de una distancia
que deje entrar el olvido.

A lo mejor el momento crucial
el que separó con un corte preciso
lo que sostenía esa vida
y lo que tensaba esta otra, ya es historia
y los restos de tu pasado
medidos en algodón y un poco de poliéster
fueron a disgregarse entre los cerros
coloridos de un basural
donde saben picotear las gaviotas.

RETURN

On the last day of vacation
you went down to the beach to say goodbye
to the part of the wardrobe
you'd later abandon
under the bed in the bungalow
where summer ran its course.

Some shorts, three T-shirts, and a worn-out hoodie
are what you'll give up first
en route
once the all-night bus begins
to expand a distance
that will let you start forgetting.

Maybe the crucial moment,
the one that made a careful cut
dividing what sustained that life
and what pulled taut this other one, is history already
which means the remnants of your past
measured in cotton and a little polyester
were scattered on the brilliant
slopes of a landfill
where the gulls go to peck.

¿CUÁNDO LO SUPISTE?

¿Cuándo fue que supiste
lo que
       eras?
¿cómo
       fue
qué
       sentiste
            la primera
                     vez
       que te viste de reojo
       en el espejo
y lo
           supiste?
¿siempre lo
supiste?

Los que te quieran de verdad

               ¡qué valor
          nena!
en serio
         digo
no te perdés

WHEN DID YOU KNOW?

When did you know
what you
      were?
What
      did
you
      feel
            the first
                  time
      you glanced at yourself
      in the mirror
and
      knew?
Have you always
known?

The ones who really love you

                  girl, you're so
          brave!
I mean it
          I mean
you're not

de

nada

siempre van a quererte

te admiro
¡no se te
nota
                    na-da-de-na-da
casi!
en serio
                te admiro
¿y es i
        gual
            a la
                mía?
no:
no estás sola.

todo el mundo está
solo.
                ¿cuánto sale?
¿eso solamente?
¿te
gustás
        más

missing

anything

will always love you

I admire you
you almost
can't even

a-ny-thing at all

tell!
seriously

I admire you

so is it ju-

st

like

mine?

no:
you're not alone.

everyone's
alone.

how much does it cost?

that's it?
do
you like

yourself

ahora

        así?

¿te gustás
ahora?
ah pero es

        ¡IGUAL!

deberías
estar

     orgullosa
agradecida
de lo que lograste
deberías pelear-
te más, mucho

        ¿y te vas a poner mucho o
más

       poco?
por vos misma

qué bueno que
no tuviste que
pasar nunca por

       ¡ponete mucho!

    eso

       vos que podés elegir
¿no
extrañás

better

        this way?

do you like yourself
now?
oh wow it's

        EXACTLY THE SAME!

you should
be

     proud
grateful
for what you've achieved
you should fight
hard, much

        so are you going to get big ones or

harder

        small?

for yourself

thank god you
never ever had
to go through

        get big ones!

that

        since you can choose

don't
you miss

nada?
no te pongas
¿mucho

segura?
siempre lo
supimos

¿nada
de *nada*?
¡APROVECHÁ!

siempre se
te no-
tó.

anything?
don't get
much

really?
we always
knew

nothing
at all?
ENJOY IT!

we could
al-
ways tell.

LOS MÉTODOS DE MME. CURIE

Extendido ahí y a contraluz
el contorno difuso de las partes
que van a ceder al último
mordisco de lo incierto.

Forma blanca y fondo negro
el chisporroteo del cuerpo
pierde todo su misterio
ante el plafón fluorescente:
la fractura de un tejido
blando y fino como un aura de opalina
cabalga entre los límites
de una galaxia interior que se ordena
obediente bajo su propio peso.

Ése sería el secreto: la parte
de la madre y después la otra
son lo único que queda del campo de batalla
de un sólo acto verdadero
cabe de sobra en el rectángulo
de plástico flexible
y hondo como hondo es el
                universo.

THE METHODS OF MME. CURIE

Spread there, backlit,
the hazy outline of the parts
about to yield to doubt's
last bite.

White shape and black backdrop,
the body's crackle
loses all its mystery
in the fluorescent light:
the fracture of some tissue
fine and soft as an opaline aura
travels between the limits
of an inner galaxy, compliant, distributing
itself under its weight.

This would be the secret: the mother's
part and then the other part
are all that's left on the battlefield
of a single honest act.
It fits inside the plastic
rectangle with room to spare, supple
and vast as the universe
                itself.

LA LEY DE CONSERVACIÓN

ante la que toda materia se inclina
adopta el nombre espantoso
de Lomonósov-Lavoisier
pero también establece
que la misma lluvia quieta
que apelmazó la arena
de las orillas de Ilión
deje su rastro en el vidrio
esta y otras tantas noches
de dicha inconmensurable
y en el balance del mundo
inscriba una plegaria breve
a nadie nunca elevada
y por nadie respondida.

THE LAW OF CONSERVATION

to which all matter bows its head
has the terrible name
of Lomonosov-Lavoisier
but also stipulates
that all the gentle rain
that once compressed the sand
along the banks of Ilion
traces itself onto the glass
tonight and on so many other nights
of this unboundedness
and in the tally of the world
inscribes a simple prayer
never professed to anyone,
never replied.

CHAMARRITA

En un rincón del lugar
donde el río entra en su coda
se desenfrena en peñones
y barrancas retorcidas
llevándose un manto negro
punzado de estrellas fijas

ese rincón entre tipas
nos encontró desvestidas
los oídos muy atentos
al grito de las chicharras
y en la piel almibarada
gusto dulce a despedida.

CHAMARRITA

Back where
the river's coda starts
it riots into crags
and twisted cliffs
trailing a jet-black cloth
punctured with steady stars

It found us stripped
a group of girls
our ears pricked for
the cries of the cicadas
sweet skin that tasted
of departure.

UNA VELOCIDAD DE ESCAPE

El sábado pasado
volviendo de depilarme
detrás de la vidriera
de una concesionaria
vi una chica escarbando
la guantera de un modelo nuevo.

Mientras ahí cerca su novio
o amante o marido
negociaba con el vendedor
las condiciones del trato
ella revisaba aburrida
el compartimento lleno
de folletos y manuales
una pierna fuera del coche
otra en flexión sobre la alfombra
de goma, y la puerta abierta
como un aviso celebrando
las virtudes de la máquina.
Tedio y excitación
en partes iguales
aunque muy dentro suyo
la pregunta fuera otra:

THE SPEED OF FLIGHT

Last Saturday
shaving again
behind the display window
of a car dealership
I saw a woman rooting around
in the glove compartment of a new model.

While her boyfriend
or her lover or her husband
hashed out the contract
with the salesman
she rifled, restless,
through the drawer
of manuals and pamphlets
one leg outside the car
the other flexed across the rubber
mat, the door wide open
like a commercial for
the virtues of the vehicle.
Both tedium
and titillation, even if
she felt the glimmer of
a different question deep inside:

hasta dónde llegaría
si decidiera darle arranque
y haciéndola estallar
atravesara la vidriera.

Nadie podría detenerla
si acelera lo suficiente
durante un cierto tiempo
pensé mientras me alejaba
y cruzaba la avenida:
una velocidad de escape
se mide siempre en relación
inversa a lo que se deja.

how far might she end up
if she revved the engine
and smashed the car straight through
the storefront.

No one could stop her
if she sped up fast enough
during a certain lapse of time,
I thought, turning away
to cross the avenue:
the speed of flight
is always measured in inverse
proportion to what's left behind.

PHNOM PENH

Los pétalos del ventilador
hacen su ronda en silencio, y
pone a raya a los insectos el vaso de
citronella en el pasillo, junto a la
cancel. En lo que acá llamarían barrio,
sobre las chapas doran el cielo
las cúpulas de los templos. El aire
emboba de tanto bochorno y brillo.

¿Cómo haremos para recordarlo todo
de este verano perpetuo
en que el sol nos descascara sin remedio
hasta la última hora de la tarde
cuando el murmullo de las bolsas de basura
canturreando en el canal desde los
juncos de la orilla parda
llega?

PHNOM PENH

The petals of the fan
make their hushed rounds,
fending off the insects in the jar of
citronella in the hall, beside the
screen. Here, in what they'd call a slum,
the domes of temples gild the sky
above the tin-sheet roofs. The air
bewilders in its heat and shine.

How will we possibly remember everything about
this perpetual summer
when the sun husked us merciless
until the afternoon's last hour
when the sigh of the plastic bags
that croon in the canal among
the brown shore's rushes
comes?

ARCHIMEDIS PHYSICA

Anoche soñaste que tu padre
te daba una paliza en silencio
cada golpe un poco más duro
que el anterior. Él
que nunca mató una mosca, en el sueño
no paraba hasta dejarte inconsciente
tirada al borde de un camino polvoriento
que todavía se dejaba oler
al lavarte la cara
esta mañana
mientras recordabas
que en el sueño eras un hombre
—hacía tiempo que no te soñabas como tal—
esa cosa opaca que nada parece definir
mejor que un par de sopapos bien puestos
en el momento justo por alguien que te quiere
de ese modo tan especial. Nada de iniciaciones
ni rituales de paso hacia la edad caliente;
pura sustancia más bien, hecha
o no a la medida de un deseo
siempre fijo y obstinado.

Así también se pone en marcha un día

ARCHIMEDES' PRINCIPLE

Last night you dreamed
your father beat you silently,
each blow a little harder
than the last. He
who'd never hurt a fly refused
to stop until you were unconscious,
slumped on the shoulder of a dusty road
you can still smell
this morning
as you wash your face, remembering
that in the dream you were a man
—you hadn't dreamed of being one in quite a while—
that hazy thing only defined
by a couple well-placed punches
at the perfect moment by a person who loves you
in that special way. Forget initiations
or rites of passage into puberty;
pure substance, really, tailor-made
(or not) to suit a steady
stubborn want.

And so begins a day
when nothing is more faithful or precise

en el que nada es más fiel ni más preciso
que el volumen que tu cuerpo desaloja
cuando entra en la bañera
una vez desvestido:
la parte que se desprecia
la otra con la que podrías vivir
comparten una masa equivalente
que tanto podría flotar como
irse a pique, llevada por la misma
fuerza que reclama dominio sobre ella,
sobre tu padre, sobre el polvo
de todos los caminos, sobre el sol
y lo que reste de las últimas
estrellas.

than the volume your body displaces when
it steps into the tub
undressed:
the part that hates itself
and the part you can live with
have the same mass
and it could float or
sink, conveyed by that same
force that claims dominion over it,
over your father, over the dust
of all the roads, over the sun
and scraps of any lingering
stars.

HUBO PLANES DE TOMAR EL TREN HASTA LA PLATA

que más tarde deshizo la tormenta:
recorrer los salones de fiebre coleccionista
ballenas colgando de un andamio
de tendones de hierro oxidado
meteoros, maquetas en cartón del universo
conocido y cajas de insectos alineados
como bombones finos.

En vez de eso
fue la lluvia, la cama y un espejo astillado
que nos mira torvo desde un rincón, junto
al ropero que heredamos. Aprendimos que el reflejo
desviado de nuestros cuerpos puede ser el
principio de un saber más concreto. Tenemos
todo por hacer, y la voluntad de no llevarlo
a cabo.

THERE WERE PLANS TO TAKE THE TRAIN ALL THE
WAY TO LA PLATA

that the storm soon dissolved:
to roam the halls of feverish collection
whales hung from scaffolding
of tendons of corroded steel
meteorites and cardboard mock-ups of the known
universe and boxes full of bugs arrayed
like fancy chocolates.

Instead
was rain and bed, a shattered mirror
that beheld us fiercely from a corner, next
to the wardrobe we inherited. We learned that the oblique
reflection of our bodies can become
the beginning of a more specific knowledge. We have
our work cut out for us, and the desire not
to finish it.

POST-OP

Al cabo de diez días de hospital
la casa es un laberinto desolado
y apagón mediante te das la ducha a oscuras
tanteando con cautela las partes nuevas del cuerpo
la herida abierta y el roce único
de los pliegues de carne a la intemperie.

Sin brillo artificial que la revista
lo que queda de la tarde se evapora
y entre la promesa de la lluvia y su certeza
se desdibujan los bordes de las cosas
—de todas las cosas que te incluyen—
mientras en el trapecio del patio
las moscas sobrevuelan en círculos
el bulto brillante de la bolsa de basura
como un escuadrón de helicópteros
que aguarda órdenes y vela sus armas.

POST-OP

After ten days in the hospital
the apartment is a desolate labyrinth
a power outage as you shower in the dark
gingerly probing at the new parts of your body
the gaping wound and novel brush
of flesh-folds in the open air.

With no false glow to cover it
the remnants of the evening disappear
and somewhere in between the promise and the certainty of
rain
the bounds of things
—all things, including you—
are blurred, while in the courtyard's trapezoid
orbiting flies hover around
the bright swell of the garbage bag
like a squadron of helicopters
awaiting orders with their weapons out of sight.

NADA NOS PREPARÓ PARA ESTO

El calor de noviembre
llegando siempre de golpe
como en un beso indeciso
la luz artificial que falla
donde la tarde retrocede
el laberinto en el follaje de los tilos
el amor que se apalabra
en el seno de otros cuartos
el budín sin tocar sobre la mesa.

Respiremos el aire que se carga de
lavandas y llena el balcón que nos mece
en el borde de un barrio sorprendido
al filo del verano. Cada día muere en
su ley como éste que lo hace
conversando, y alumbra como un
gajo esa muerte un viento fino
que lleva su carcasa al río
y no devuelve nada
que no sea compartido.

NO ONE PREPARED US FOR THIS

The summer heat
always arriving unexpected as
an indecisive kiss
the artificial light that fails
when afternoon withdraws
the labyrinth in the linden trees
the love that gives its word
in other rooms
the pudding untouched on the table.

Let's breathe the air that brims
with lavender and fills the balcony that rocks
us on the border of a startled neighborhood
on the knife-edge of summer. The days die in
their laws, like this one, chattering
away, casting their light on death as if
it were an orange wedge, fine wind
that drifts its carcass to the riverbank
and gives back nothing
that's unshared.

COMAMOS

En los platos
todavía queda un residuo
que se parece a eso
de lo que hablábamos anoche
al amor
que mal que mal
va a alcanzarnos nuevamente
cuando menos lo esperemos
después de todo
ningún pasado se aferra
con tanta insistencia a nada
y además lo que cautiva
es siempre la misma cosa
como el borracho que vuelve
temprano por la mañana
a querer meter la llave
errada en la cerradura
sabiendo que no es esa
vamos probando y con suerte
                              entra.
Comamos
estos vasos tuyos
turbios y petisos
son ideales para llenarlos de cerveza

LET'S EAT

On our plates
there's still a residue
that looks like what
we talked about last night
like love
which will come back for us
no matter what
right when we least expect it
when all is said and done
no past clings so
insistently to anything
and anyway the lure's
always the same
a drunk returning home
early in the morning
jabbing the wrong
key in the lock
knowing it's wrong
but trying anyway and somehow

getting in.

Let's eat—
these cups of yours
murky and small
are just the thing to fill with beer

cuando no hay dinero
que despilfarrar en botellas
y más botellas.
Se bebe así despacio
y el porrón se calienta
más rápido de lo debido
en el envase oscuro
que transpira ya el verano
con su promesa renovada
de noches plenas y días fuertes.

Revisemos otra vez
eso que hablábamos anoche:
el porrón que baja lento
el patio perfumado de jazmines
los jejenes abalanzándose
contra la halógena como kamikazes
la playa que conocimos
juntas ese otro febrero
los limones como soles
en la vereda de enfrente
el olor de la lluvia levantándose entre los canteros
el tapial reverdecido
y ahora sí:
comamos.

when there's no cash
to waste on bottle
after bottle.
We drink it slow
the liquid heating faster
than it should
in the dark glass
already trickling summer
with its repeated promise
of full nights and ardent days.

Let's go back to
the thing we talked about last night:
the beer diminishing
the yard that smells of jasmine flowers
the gnats flinging themselves
against the halogen bulb like kamikazes
the beach we visited
together that other summer
lemons like suns
across the street
the rain-smell rising from the flowerbeds
the mudwall green again
and then, at last:
let's eat.

VAMOS A DAR POR ZANJADA LA NOCHE

Vamos a lavarnos la cara
a cumplir a rajatabla
con el rito femenino
de limpiarnos la piel
de los restos del día

                          Muertas
                          y muertas y
                          muertas y más
                          muertas

el rímel seco
el polvo compacto
resquebrajado
sobre las mejillas
y el contorno del rostro
como un bastidor
al tensar la carne.

                          de nochecita
                          tapadas
                          con cartón
                          húmedo
                          patrulladas por
                          luciérnagas y
                          aplastadas
                          sobre una

CALLING IT A DAY

We're going to wash our faces
to perfectly perform
the feminine ritual
of cleansing our skin
of the day's remains

        Dead girls
        and dead girls and
        dead girls and more
        dead girls

clotted mascara
fractured
compact powder
on our cheeks
the face's outline
like a stretcher
when the skin goes taut.

        at night
        beneath
        damp
        cardboard
        policed by
        fireflies and
        crushed
        onto a

                    banquina
                    en la zanja
                            entre los
                                    matorrales

La crema de noche
se desparrama
en círculos
concéntricos
extendiendo
con la punta
de los
dedos
desde la zona de los
ojos hacia el mentón
como un masaje firme
y al mismo tiempo delicado:
        si no penetra
        profundo en la piel
        todo es en vano.

                    en la playa
                    temprano
                    por la mañana
                    bajo la arena
                    un brazo
                            mal
                                    enterrado.

                    berm
                    in a gully
                              among the
                                        brush

The night cream
seeps out
in concentric
circles
spread
with
finger-
tips
from eyes
to chin
like a massage
both firm and delicate:
          if you don't let it
          saturate the skin
          it's all in vain.

                    on the beach
                    early
                    in the morning
                    under the sand
                    a hand
                              half
                                        buried.

Vamos a dar por zanjada la noche
después de todo
un par de cervezas
con quien más te quiso
y mejor
son suficientes
para quedar satisfecha.

Vamos a alimentar
a los gatos
vamos a ver
qué rescatamos
de la heladera
las que no tenemos
un amor
cuando volvemos a esta
que llamamos
nuestra casa
las que no tenemos
a nadie
que nos saque la basura
antes de que llegue el camión
con su pase de magia
que borra los desperdicios.

Time to call it a night
after all
a couple beers
with the one who loved you most
and best
are just enough
to satisfy you

We're going to feed
the cats
we're going to see
what we can salvage
from the fridge
the ones without
a love
waiting for us
when we return
to what we call
our house
the ones who have
no one
to take the trash out for us
before the truck pulls in
flaunting its magic trick
that makes waste disappear.

HERNANDARIAS

No: no es la tarde
de menguante luz
la amenaza del agua
desbordando
las defensas
exteriores e interiores
los caminos
provisorios.

Es la tarde
de menguante luz
las defensas
resguardando
caminos provisorios
calma de hojas
secas de sauce
y espinillos
antes de atravesar
el río.
¿Cómo? Por debajo
como un secreto
contrabandeado
en el final

HERNANDARIAS

No: it isn't the evening
of waning light
the threat of water
overflowing
external and internal
barriers
provisional
paths.

It's the evening
of waning light
the barriers
protecting
provisional paths
calm of dry
willow
and espinillo leaves
before crossing
the river.
How? From below,
like a smuggled
secret
at the close

de este día de leyenda
y su hecatombe modesta
carne asada y
manchas de vino
secándose sobre la mesa
de piedra municipal
y al otro lado del túnel
la inundación.

of this legendary day
and its modest catastrophe
grilled meat
and wine stains
drying out across the table
of municipal stone
and the flood
at the other end of the tunnel.

BRATISLAVA

La primera bocanada de sol
fue derramándose lacia
sobre estatuas de heroísmo ajeno
y calles desiertas al cabo de una helada
que habrá escarchado la orilla
al otro lado del Danubio.

Atrás quedó Bratislava.
El gran libro del mundo
se abre por completo esta mañana
y el meneo suave del vagón comedor
es como una madre que nos pasa
cien veces el cepillo por el pelo
mientras susurra al oído:
no hay futuro que sea nuestro
es todo dicha el presente
y el pasado un rizo
corto y enredado.

BRATISLAVA

The first mouthful of sun
spilled limply over statues
hailing distant heroism
and empty streets after a frost
that tried to freeze the other shores
of the Danube.

Behind it, Bratislava.
The world's great book
spreads open this morning
and the gentle sway of the dining car
is like a mother drawing
a brush a hundred times across our hair
as she whispers in our ear:
there is no future that belongs to us
the present's made of joy
the past a short
and tangled curl.

¡QUÉ TENTACIÓN LAS CEREZAS!

Llegan puntuales con tu cumpleaños
cada diciembre, abarrotadas
en cajas de cartón verde
a engalanar verdulerías.

Bermellones
envueltas en piel bordó
o de un rojo superlativo
—es decir negras—
toda una escala cromática
de deleite y acidez
la pepita amaderada
que se escupe en el bol
de cerámica, así, despatarradas
en la cama
frente al ventilador
y a ese otro ritmo de aspas:
los murciélagos
que dan una vuelta más
alrededor de nuestro piso
saludan al pasar por la ventana
y hacen batir las alitas
como pidiendo sortija.

THE CHERRIES ARE SO TEMPTING!

They come back with your birthday
each December, packed
into green cardboard boxes
to beautify the grocery stores.

Vermillion
encased in crimson skin
or burgundy, intensely red
—or rather, black—
a whole chromatic scale
of bliss and tang
the wooden pit
spat into the ceramic
bowl, like this, tumbled
onto the bed
beside the fan
and other rhythmic blades:
the bats
that wheel again
around our floor
and greet us through the windowpane
and flap like children reaching for the brass
ring on a carousel.

TRÍO

Una familia de ciegos
—madre, padre, hijo:
los tres ciegos— avanzan
con el aplomo de un rompehielos
a través del espacio invisible.

El hijo señala el rumbo
barre el bastón como un sonar
la vereda y roza, cada tanto
un obstáculo; aquí un cordón,
aquí un cajón de naranjas
volcado frente al umbral:

basta que uno de los tres
meza levemente el cuerpo, y
los demás acompañan
como el corazón acompaña
sin preguntar nunca nada.

TRIO

A blind family—
mother, father, son:
all blind—progress
with the composure of an icebreaker
through space unseen.

The son signals the way
sweeping his white cane like a sonar
across the path and grazes
the occasional obstacle: here, a wire,
there, a crate of oranges
tipped over in a doorway:

all it takes is for one to gently
shift their body, and
the others follow suit
as the heart follows,
asking nothing ever.

POEMA DEL FINAL DEL DÍA

El instante breve que media
entre que vuela el vestido
y entramos en el camisón
o la remera de dormir,
frente al espejo, no queda
casi nada: el seno chato
los pezones a medio
emerger

las caderas estrechas
la cintura, una pista caliente
y el apellido de un padre
que no vivió para contarlo.

POEM AT DAY'S END

The brief instant after
the dress comes off
and before slipping on a nightgown
or a shirt to sleep in,
facing the mirror, almost
nothing left: the curt breast
the nascent
nipples

the narrow hips
the waist, the burning tape around it,
the surname of a father
who didn't live to tell the tale.

AHORA QUE SOY TODA UNA MUJER

We dry and die in the sun.
—Weldon Kees

Ahora que soy una mujer
con todas las letras
podría emborracharme
junto a algunos de esos hombres que matan la tarde
después de un día de trabajo en la fragua
aunque en esta ciudad no haya fraguas.

Arruinarme sin apuro
en la misma barra sin lujos, como una
lesbiana de canas peinar que
　　　　　　　—oh sorpresa:
puede seguirles el tren de la bebida
a cinco tipos más fuertes que ella
midiéndose en anécdotas de amor
recitando Weldon Kees
de memoria
o contándoles después
alguna cosa que ignoren:
por ejemplo, la fuga del poeta
—una versión más guapa de Faulkner
si tal cosa es posible—

NOW THAT I'M A WOMAN THROUGH AND THROUGH

We dry and die in the sun.
—Weldon Kees

Now that I'm a woman through and through
the real McCoy
I could get drunk
with one of those men who fritter away the evening
after a long day in the forge
although this city has no forges.

To go to lazy ruin
at the same spartan bar, like some
aging lesbian who

                    surprise!

can drink in league
with five guys who outmuscle her
pacing herself with tales of love
reciting Weldon Kees
from memory
or telling them
some fact they didn't know:
like how the poet fled
—a better-looking Faulkner
if such a thing is possible—

una mañana de julio
cuando abandonó el coche nuevo
ante el puente encendido
y se esfumó
buscando, como alguna vez se dijo, su *vita nuova*
o algo menos ocioso
y más definitivo
en el centro del verano hirviente.

Más tarde
uno de esos hombres
va a volver rumiando a casa
algo que ayer no conocía:
una locura realmente
dejar semejante coche
solo al sol
y con las llaves
puestas.

one morning in July
when he abandoned his new car
beside the burning bridge
and vanished
in search, as the saying once went, of his *vita nuova*
or something less inane
and more definitive
in the center of a sweltering summer.

Later
one of those men
will go home pondering
something he hadn't known the day before:
it's crazy, really,
to leave a car like that
abandoned in the sun,
keys still in
the ignition.

GROENLANDIA

Tal como advierten los mapas, nada:
el rumor de la presión únicamente
manteniendo a flote el aparato
entre muñones de vapor suspendido.

Un jardín para nuestro solaz
—y a lo mejor el de los dioses
cuando los fiordos resplandecen
en la hondura del mediodía.

GREENLAND

Just as the maps warn, nothing:
only the hum of pressure
that keeps the thing afloat
among stumps of suspended fog.

A garden for our leisure
—and maybe also for the gods
when the fjords gleam
in the depths of high noon.

O COMO UN CUCHILLO

Si la casa es a estrenar
nadie cojió acá nunca
dijiste, abriéndote el
vestido. Después abrís el
mío. No hay luz pero
no importa:
una espalda así
desnuda en la
penumbra reluce
como la espuma
que abre en dos
la quilla de un
buque en
el río
de no-
che.

OR LIKE A KNIFE

A new house means
that no one's ever fucked here
you said, unbuttoning your
dress. Then
mine. It's pitch dark but
it doesn't matter:
a naked
back in
shadow shines
like foam
that splits
a ship's
keel on
the river at
night.

SE CAE EL CIELO EN CHAMARTÍN

El café se enfrió del todo
y yo ni cuenta me di
esperando a que pase
el chaparrón de verano
mientras ordenaba notas
tomadas en el museo
para un poema que nació muerto.

Ningún cuenco para ninguna sed:
el deseo es una abeja
que cuando quiere acordarse
ya dejó la mejor parte
del abdomen
en su tarea.

THE SKY IS FALLING IN CHAMARTÍN

I didn't even notice
that my coffee had gone cold
as I waited for the midsummer
storm to end,
sorting the notes
I took at the museum
for a stillborn poem.

No basin for no thirst:
desire is a bee
that leaves behind
most of its abdomen
mid-task
by the time it remembers.

ELLA CASEY Y LA RED DE REDES

En la Red
de Redes
la madre
de Raymond Carver
vuelve a contarnos
de su marido alcohólico
de cómo una noche
le dio por la cabeza
con un colador
de esos que usan
para aplastar tomates.

Yo no soy ninguna alcohólica
soy una bebedora
social

Le dio por la cabeza
con tanta fuerza
que la sangre empezó a brotar
entre el desorden de los
cabellos castaños.

los muchachos

ELLA CASEY AND THE INFORMATION
   SUPERHIGHWAY

In the Information
Superhighway
Raymond
Carver's mother
tells us again
about her alcoholic husband
and how one night
he struck her over the head
with one of those strainers
used for crushing
tomatoes.

I'm no alcoholic
I'm a social
drinker

He struck her over the head
so hard
that blood streamed
through the chaos of
her chestnut locks.

Ray y James
se pegaron flor de susto
pero él vivió para contarlo.

the boys
Ray and James
were terrified
but he lived to tell the tale.

LAS CONDICIONES DE REPRODUCCIÓN

Fuimos las últimas clientas
de todo el supermercado
deambulando entre pasillos desiertos
y góndolas repletas sostenidas
por una especie de milagro cíclico de la demanda.

Cuando bajen las persianas
y la última cajera se vaya
la luz va a seguir brillando
en la hora última
y el ticket que registra el queso
el vino caro que llevamos por impulso
será el tributo último en el conteo del día.

El queso ahora en nuestra mesa
adornando el plato de fideos
el vaso lleno hasta el borde
el precio injusto
que pagamos por el instante.

CONDITIONS OF REPRODUCTION

We were the night's last customers
in the entire supermarket
roaming deserted aisles
full carts sustained
by some cyclical magic of demand.

When the metal shutters come down
and the last cashier has gone
the light will glimmer on
at closing time
and the label on the cheese
the fancy wine we chose on impulse
will be our final tribute in the tally of the day.

The cheese is on our table now
embellishing the pasta
the glass filled to the rim
the unfair sum
we shelled out for the instant.

TEODICEA

Mi padre
dio forma con sus propias manos
a algunos de los proyectos
más memorables de esta familia
por ejemplo el entrepiso nuevo:
durante dos semanas enteras
después del volver del frigorífico
todo fue picar paredes
abrir agujeros enormes
como ojos recién nacidos
que atravesaban los muros
y parecían vigilarnos
durante el día entero
a través del polvillo.

De la sala al comedor
del comedor al dormitorio
cruzó tirantes de grueso algarrobo
y sobre ellos un cielo de machimbre
                              barnizado.
De repente hubo el doble de cuartos
en la casa, y hermana con
hermana y hermano con hermano

THEODICY

My father's hands
gave form to some
of this family's
most memorable projects.
The loft, for instance:
for two whole weeks
after coming home from the meat-packing plant
he battered walls
gashing enormous holes
like newborn eyes
that pierced the walls
and seemed to watch us
all day long
amid the grime.

From the living room to the dining room
from the dining room to the bedroom
he'd hang crosspieces of thick locust wood;
above, a sky of varnished tongue
                              and groove.
And all at once, the house had twice
as many rooms, and we were scattered
evenly, sister with sister and brother

fuimos parejamente repartidos
entre las nuevas estancias.

En otra ocasión
plantó un naranjo en la vereda
que prosperó y dio abundancia de
frutos, hasta que una mañana
quince años después y sin mediar razón,
lo arrancó de raíz.

Estos son solamente
ejemplos. Sólo Dios quita
lo que Dios ha dado.

with brother, about
the new spaces.

Another time
he planted an orange tree in the yard
which thrived and yielded copious
fruit, until one morning
fifteen years later, without explanation,
he yanked it from the ground.

These are just
examples. Only God can take away
what God has given.

ENTRE LA PLAZA Y EL CEMENTERIO

El primer secreto de este amor se cae
cuando me confiás que hace un año
tu pelo era diferente.
Está bien, pienso:
todas fuimos otra en el pasado.
Sin ir más lejos
yo no guardaba memoria
del dibujo de estos canteros
(tan pegados a las criptas
que se diría la muerte los abona)
y me fío de las tuyas
para sembrar un recuerdo
que será para siempre dulce.

Más tarde voy a regalarte un pan
y después pasearemos entre salas
bañadas de calor y de luz
regulados al detalle
entre amantes de la pintura
y otros que no habrán tenido
nada mejor que hacer
que ponerle un techo al ocio
de un sábado lleno de miel
en el corazón de junio.

BETWEEN THE PARK AND THE CEMETERY

This love's first secret dissipates
when you confess you wore your hair
a different way a year ago.
That's fine, I think:
we all used to be someone else.
As it so happens,
I hadn't remembered
the drawing on these planters
(so close to the crypts
that you might say death feeds them)
and I trust yours
to sow a memory
that will be sweet forever.

Later, I'll offer you some bread
and then we'll wander through the halls
flooded with heat and light
each detail regulated
among painting enthusiasts
and others who must not have had
anything better to do
than lid their laziness
on a honey-glazed Saturday
deep in the heart of June.

OTRO ESTADO DE LAS COSAS

Toda la luz de
enero en la ventana
y los gatos rondando por la casa
confundidos. Dos vasos
boca abajo sobre el secaplatos
dejaron de gotear hace ya un tiempo.

La sartén amarilla destapada
el teflón sin un rasguño.

Hay una leche vencida en la heladera
pero nada huele realmente
todavía. La corriente eléctrica
mantiene viva la casa
el ventilador encendido
pone a raya a los insectos
y podría seguir así, girando días
enteros y noches
que se harían más largas
conforme avancen los meses:
los artefactos
como animales domésticos
abandonados a su suerte
y lo salvaje se instala.

ANOTHER STATE OF THINGS

The window full of all
the January light,
the cats roaming the house
confused. Two cups
lip-down in the drying rack
stopped dripping long ago.

The yellow frying pan unlidded,
the Teflon still unscratched.

There's sour milk in the fridge
but nothing smells too awful
yet. The electrical current
keeps the house alive,
the humming fan
fends off the bugs
and could go on like this, swinging
to and fro for entire days and nights
that would grow longer
as the months rolled by:
appliances
like pets
abandoned to their fate,
returning to the wild.

EN LA SALA DE ESPERA

"Buen día"
dice la que limpia
nosotras no saludamos
no es mala educación
pero eso es cosa de viejas
simplemente llegamos
doblamos los sacos
de media estación
sobre la falda
y nos sentamos a esperar
los dedos rebotando
como insectos sobre las pantallas
mientras las médicas
van llamándonos por el nombre
el nombre de pila familiar
desde el fondo de los consultorios.
El apellido sólo aparece un instante
en el monitor donde anuncian
el orden de los turnos
y en esto tampoco somos distintas:
usamos lo que hay a mano
para saber quién es
quién, o esperó aquí
por más tiempo.

IN THE WAITING ROOM

"Good morning"
says the woman as she cleans
we don't respond
we aren't rude
but it's a girl thing, that's all
we just show up
and smooth
our jacket hems over
our skirts
and take a seat to wait
our fingers fluttering
like insects on the screen
as the doctors, women,
start calling us by name
our given family name
from the office in the back.
The last name flashes only for an instant
on the monitor where they list
the turns in order
and in this sense we aren't any different
either: we use what's here on hand
to know who's
who, or who's been waiting
longer.

UN ARCO-IRIS SIN TORMENTA A LA VISTA

En la saliente de un balcón sin terminar
el peón se arqueó hacia atrás
sacó pecho como los pájaros
cuando se disponen al canto
y apoyado en la viga del encofrado
convocó un arco-iris en el cielo
que se extendió los nueve pisos
rocío de sol y acidez
desde la punta del miembro
hasta la cima del monte
de cascotes de la planta baja.

A RAINBOW WITH NO STORM IN SIGHT

On the jut of an unfinished balcony
the laborer arched back
puffed out his chest like birds
about to sing
and leaning back against a rafter
summoned a rainbow in the sky
spreading across all nine floors
mist of sun and acidity
from the tip of his member
to the top of the hill
of rubble on the ground floor.

AHORA SÍ, LA TORMENTA

Después de amagar toda la tarde
las nubes terminaron de acomodarse
sobre el Poblenou y la playa

ahora son como un ejército
que dejó de tener miedo.

AND NOW, THE STORM

After brooding all afternoon
the clouds settled in at last
over El Poblenou and the beach

and now they're like an army
that's no longer afraid.

ALGUNOS VARONES

escriben poemas
de amor
así
bien crudos
mucho auto
mucho libro
la infancia siempre agreste
y en la era caliente
el alcohol

siempre
parecen tener
auto
saber manejar
y cargar en el asiento
a la chica de ayer
o la otra
que no fue ni será
la chica que aman
las botellas tintineando
debajo del asiento
el polvillo dorado por el sol
al romper la madrugada

SOME MEN

write love
poems
you know
all crudeness
all cars
all books
always a wild childhood
and alcohol
in the hot years

they always
seem to have
a vehicle of their own
know how to drive
and drive around
the girl from yesterday
or the other one
who isn't and won't be
the girl they love
the bottles clinking
under the seat
tobacco browned by sun
at daybreak

en la cabina a solas
volviendo a casa;
en fin
pura vida cotidiana
adornada de cicatrices
y la educación sentimental
de un fracaso tras otro
caer siempre
pero caer de pie:
eso es lo que querrían
un vaquero que conduce hacia el ocaso
listo para otra aventura
mientras la pantalla quema los créditos

ya verán: nada ni nadie
podrá con ellos
cuando escriban
poemas sobre
poemas sobre
poemas.

alone up front
as he rides home:
in any case
just everyday life
adorned with scars
and the emotional education
of one failure after another
to fall forever
but land on his feet:
that's what they'd want
a cowboy driving off into the sunset
ready for another adventure
while the screen burns the credits

you'll see: no one and nothing
will be able to touch them
when they write
poems about
poems about
poems.

TŌYAKO

Sobre el lago
ante la orilla volcánica
las lenguas barbadas de espuma
desmembran la luna invertida de Hokkaidō
que repta y se duplica moteada de astros:
Cefeo
la pálida Polaris
—de donde cuelga y se mece
el péndulo del mundo—
y el festón de Casiopea:
una por cada una
de las que llegamos hasta acá
a enfrentar unas estrellas
que crecimos ignorando.

TŌYAKO

Above the lake
and facing the volcanic shore
the bearded tongues of foam
dismember the inverted moon of Hokkaidō,
which slinks and multiplies, spattered with stars:
Cepheus
the pale North Star
—where the pendulum of the world
dangles and sways—
and Cassiopeia's garland:
one for each
of us who'd come this far
to face
some stars we grew up knowing nothing of.

FERRERI GANADERA

Vuelvo a intentar explicar
en qué consistía el trabajo de mi padre.
Vamos a suponer
que algo fallaba en la planta
una tubería escupía amoníaco
o una pistola de perno
se quedaba sin presión
no importa qué exactamente
infinitas cosas pueden salir mal
y esto es inevitable
ya sea en un submarino
o en un matadero.
Alguien tomaba entonces
el camino del arroyo
con la pieza vencida
y caminaba hasta el depósito
donde esperaba mi padre.
Los años le habían enseñado
a evaluar de una ojeada
la existencia o no del reemplazo
entre los cientos de cajones:
si no había repuesto
armaba la nota de pedido

FERRERI LIVESTOCK

I try yet again to explain
what my father did for a living.
Let's say
there was a problem in the plant
a tube sputtering ammonia
a bolt gun
depressurized
it doesn't really matter what.
So many things can go awry
and that's inevitable
in any submarine
or slaughterhouse.
So then someone would take
the path along the stream
flawed piece in hand
and walk out to the depot
where my father was.
Years on the job had taught him
to know if a replacement part
was there among the scores of boxes
and find it with a glance.
If not, he'd file
the order form.

si la pieza estaba
no había mucho misterio:
mi padre la traía
la apoyaba en el escritorio
las comparaban
la pieza nueva
la pieza vieja
si coincidían
se firmaba el recibo
y volvía a quedarse solo
dueño absoluto de sus tardes
que nunca usó para escribir relatos
ni organizarse sindicalmente:
eso era más o menos todo.

If so, there wasn't much
of an enigma to it:
my father would bring in the substitute
compare
the new part to
the old
and if they matched
he'd sign the sheet
and then be left alone again
the lord and master of his afternoons
he never used to write short stories
or join a union:
that was it, pretty much.

UN HOMBRE VINO A CASA ANOCHE

a Marcos V.

Trajo pan, carne, y otras cosas
que dispuso enfrente suyo
como un mago al iniciar el truco
antes de aplicarles un orden
nuevo.

El fuego —lo que cada elemento rinde
de sí bajo la llama— amalgamó el conjunto
redujo el filo de lo agrio y de lo crudo
y durante un tiempo breve
acabamos reunidos
en torno a lo cocido
así como siempre se hizo
y como se hará siempre.

Más tarde
cuando todos se
marcharon, entre los
vasos húmedos
flotaban todavía
sus maneras de extraño.

A MAN CAME BY LAST NIGHT

for Marcos V.

He brought bread, meat, and other things
he arranged in front of him
like a magician beginning his trick
before conferring them a new
order.

The fire—what every element
gives of itself under the flame—amalgamated everything
softened the edges of the bitter and the raw
and for a little while
we found ourselves convened
around the cooked
as has always been done
and will be done forever.

Later
when everyone had
gone, his stranger's ways
still floated there
among
damp glasses.

TODO TIENDE AL FUTURO SIN REMEDIO

y esto es lo que veo en el nuestro:
dos viejas
yendo juntas al supermercado
o avisando que llegamos
bien, hasta que el último vaso
que quede en pie en toda la casa
estalle sin remedio contra el piso
y al separar los fragmentos filosos
de lo que es puro residuo
algo que los años
trataron siempre de explicar sin éxito
termine por aclararse:
es importante —dirás
levantando los vidrios—
pensar en los basureros
aquí nadie necesita
más heridos.

EVERYTHING TILTS INCORRIGIBLY TOWARD
THE FUTURE

and this is what I see in ours:
two old ladies
stopping off at the supermarket together
letting each other know we've made it home
safe, until the final glass
left standing in this house
falls to the ground and shatters
and as we separate the shards
from what's just residue,
something the years
have always tried in vain to justify
makes sense:
it's important—you'll say
as you lift up the splinters—
to think of the garbage collectors.
Nobody needs
more wounds around here.

CENA

El vapor de lo que hierve
abre los poros
y se adentra
como un pigmento
en las mejillas
mientras en lo crudo extendido
ahí, sobre la tabla, hundís,
con destreza, la cuchilla
siguiendo la veta del músculo
hasta que la carne abierta
se ve a sí misma
como nunca imaginó hacerlo:
desnuda y
desencontrada.

DINNER

The steam from the simmer
opens the pores
and seeps
like pigment
into our cheeks
as you tend to the rawness spread
there, across the cutting board, and deftly
thrust the blade
along the meat-grain
until the open flesh
beholds itself
as it could never have imagined:
stripped,
sundered.

TEORÍA DE CUERDAS

Un taxi
que tenía
que venir
nunca vino
el que vino
me tiró
contra la persiana
de una fábrica de
pastas
me dijo

> no vale la pena
> lo que dijo
> digamos que
> por suerte
> nada más lo dijo.

¿Sería extraño si esta noche
él le da un beso a otra y la
estremece, si yo
tiemblo todavía?

La razón es simple: los cuerpos

STRING THEORY

A taxi
that should
have come
never came
the one that did
threw me
against the blinds
of a pasta
factory
he said

        it doesn't matter
        what he said
        let's just say
        I'm lucky
        he only said it.

Would it be strange if he
should kiss someone else tonight and she
shook with it, if I
still trembled?

It's simple: every body

vibran todos de un modo
distinto: como una cuerda
tirante en ocasiones
otras veces
relajada
y otras
regalando la nota
justa.

vibrates in a different
way: a string
sometimes pulled taut
and sometimes
slack
and sometimes
sounding the right
note, a gift.

LA ÚLTIMA RAMA DE ESTE ÁRBOL SE QUIEBRA ACÁ

¿Dónde ubicarme
si no fui
para madre
menuda como
la espadaña
que corta el viento en dos
sin renunciar a la gracia
ni llegué a ser
a ojos de padre
más que el ensayo
infructuoso
de su varón
          final?

Algunos huesos
daneses
la caja torácica
por donde sube el timbre
de una voz grave
a ecuánime distancia
del deseo y lo deseado.

THIS TREE'S LAST BRANCH BREAKS HERE

Where am I
if I never was
for mother
slight as
the cattails
that cut the wind in two
without forgoing grace
and never came to be
in father's eyes
more than a fruitless
run-through
for his final
          son?

Some Danish
bones
the rib cage
where the timbre of
a deep voice swells
a neutral distance
from desire and what's desired.

LA CARRERA ESPACIAL

Subir al vehículo
con el propósito de aprovechar
las horas muertas del viaje
confeccionando listas
de lo que resulta urgente
no andar demorando más
y acabar como es usual
soltando la mirada
que vague libre ante el recuento
de los campos sembrados
con su colcha de patrones
zurcida a la cinta recta
del camino: lino amarillo
sorgo oxidado, esmeralda ubicua
de soja y girasoles
sucediéndose en parches
de agrimensura precisa
que cada tanto interrumpe
un monte de espinillos.

Entre barrancas abruptas como tajos
bajo los puentes cortos, los arroyos
todavía secos, van a desbordar feroces

THE SPACE RACE

To get into the vehicle
and try to make the most
of the empty hours
drawing up lists
of what seems urgent
not lingering too much
and ending up as usual
with your eyes
wandering unfettered through
the seeded fields
their patterned quilt
creased to the road's
clean strip: yellow flax
rusty sorghum, pervasive emerald
of soy and sunflowers
transpiring in precisely
surveyed patches
adjourned every so often
by slopes of espinillos.

Among the bluffs, abrupt as slashes
under curt bridges, the still-
low streams will flood ferocious

a salir un vendaval de junio
a comerse vivos los campos
y blanquear los troncos de los sauces.

Nada que ver ahora, mirá:
el fuego de los pastizales
allá al fondo, junto al caudal del río
con su humareda negra
como una tormenta muda y
sin relámpagos, nutrida por un hilo
finísimo de cimientos abrasados
que si es de noche avivan y enjoyan
el borde mismo del cielo.

Todo eso que llama tu atención
cebado por la velocidad irreal del vehículo
que quema lo contemplado
y lo reemplaza al instante
estuvo ahí antes de la mirada
y va a seguir estando sin duda
atento únicamente al ir
y venir de unas circunstancias
que nada saben de tu cuerpo extrañado
en el vientre tibio del vehículo
de la autopista que abre el mundo en dos listones parejos
de las horas muertas que se acumulan en días

erupt in strong June gales
devour the fields alive
and blanch the willow trunks.

Nothing like now, you see:
the fire of the pastures
way out back, along the riverflow
with its black smoke plume like
a silent storm without
a flash of lightning, fed by just
the thinnest thread of scorched
substrate, which stirs at night and sets
the sky's edge glittering.

Everything that strikes you
heightened by the bus's unreal speed
which burns away the view
and instantly replaces it
existed long before your gaze
and it will surely stick around
attentive only to the ebb
and flow of certain circumstances
that have no knowledge of your puzzled body
inside the warm womb of the vehicle
of the highway that parts the world into two equal ribbons
of the empty hours accruing into days

incapaces de encarnar en recuerdos
que reparen de algún modo el daño.

El mismo daño
que como las listas
tiende a salirnos mejor
cuando no hay intención
de llevarlo a cabo.

unable to embody memories
that might somehow repair the damage.

The damage
that, like lists,
we manage better
when we don't plan
to do a thing about it.

NINGUNA DE LAS DOS CRECIÓ

Ninguna de las dos creció
temiendo parecerse a la otra
hasta ahora, que vengo a ocupar
el lado de mi padre de la cama
sobre la cual pende una escena
de Cristo en Getsemaní.

Mi cuerpo y el de mi madre
debajo de las cobijas
se entregan al cansancio
mientras él atiende otros negocios:
por ejemplo, no morirse
en una sala de terapia
del hospital Urquiza
aguantar
que la luna se arrastre
de un extremo a otro de la noche
como un molusco solitario.

Todo está listo ahora. Una última
mirada antes de estirar el brazo
y apagar el velador: los remedios
de mi padre; el sobre vacío de

NEITHER ONE OF US GREW UP

Neither one of us grew up
in fear of looking like the other
till now, now that I've come
to take my father's side of the bed,
a scene of Jesus in Gethsemane
hanging above it.

My body and my mother's
under the blankets
surrender to exhaustion
while he attends to other business:
not dying, for example
in a therapy room
at Urquiza Hospital
and tolerating
how the moon crawls from
one end of the night to the other,
a solitary mollusk.

Everything's ready now. A final
glance before I reach to switch off
the bedside lamp: my father's
medicines; his empty glasses

sus anteojos, y detrás del manto de
Cristo, las luces pálidas de
Jerusalén flotando en la retina
entre ramas de olivares
antes de la oscuridad total.

case; behind Christ's
robe, the pale lights of
Jerusalem drifting around my retina
among the olive boughs
before the total dark.

MI GÉNERO FUE LO QUE ME HIZO ESTO

El pato silvestre
pone un hemisferio entero
del cerebro a dormir
y mantiene el otro alerta:
mientras un ojo sueña
otro controla el cuerpo
o lo que ande rondando el cuerpo
tanto en tierra como en el vuelo
—pero el lado ausente es vulnerable
y no hay lugar para el descuido

en la quimera.

¿Adónde está el sexo ahora
que mi género volvió a hacerme esto
la carne sin paz de los muslos
la humedad legendaria
donde las Oréades van a calmar la sed
la redondez
la sobrevalorada transexualidad?
¿adónde están los pechos?
¿desaparecen si no estoy alerta?
¿qué lado patrulla el ojo abierto

MY GENDER DID THIS TO ME

A wild duck
puts one whole hemisphere
of its brain to sleep
and keeps the other vigilant:
while one eye rests,
the other rules its body
or what surrounds its body
both on land and in flight—
and yet the absent side is vulnerable
and Chimera has no room

for blunders.

So where's sex now
that my gender has done this to me again
the thighs' uneasy flesh
the legendary damp
where the Oreads go to quench their thirst
the fullness
this overrated transsexuality?
where are my breasts?
will they vanish if I don't stay alert?
which side is guarded by the open eye

y qué plegaria se entona
que pueda volverlo todo
a su lugar de origen?

and what recited prayer
can put it all back
where it came from?

ACKNOWLEDGMENTS

Some of the translations in this book first appeared in the following journals:

"Post-Op" in *Words Without Borders*; "The First Shot," "Archimedes' Principle," "There Were Plans to Take the Train All the Way to La Plata," "Theodicy," "Or Like a Knife," "Ferreri Livestock," and "My Gender Did This to Me" in *Poetry Northwest*; "The Speed of Flight" and "Another State of Things" in *The Canary*; "Summer, There and Back," "The Methods of Mme. Curie," and "The Law of Conservation" in *Spoon River Poetry Review*; and "Bratislava" in *Poetry London*.

Mariana Spada (Entre Ríos, Argentina, 1979) studied literature at the Universidad Nacional del Litoral. She currently lives and works in Barcelona. She is the author of *Ley de conservación* (Gog y Magog) and *La subida* (Vera Cartonera).

Robin Myers is a poet and translator. Her translations include *Bariloche* by Andrés Neuman (Open Letter), *Salt Crystals* by Cristina Bendek (Charco Press), *Copy* by Dolores Dorantes (Wave Books), *The Dream of Every Cell* by Maricela Guerrero (Cardboard House Press), *The Restless Dead* by Cristina Rivera Garza (Vanderbilt University Press), and *The Book of Explanations* by Tedi López Mills (Deep Vellum), among other works of poetry and prose. She was double-long-listed for the 2022 National Translation Award in poetry and received a 2023 NEA Translation Fellowship.